官箴荟要

十三

线装书局

目录

平平言（节选）　〔清〕方大湜　撰　一
图民录　〔清〕袁守定　撰　八九

平平言（节选）

〔清〕方大湜　撰

《平平言》主要是从州县官这一特定角度来谈论居官为政之道。所谓平平言，乃作者自谦，谓所言平平，无甚高论，其实是平实之言，明白易行。作者按有关州县事宜一题一议，各成起迄，共列举二百八十馀条，论述了州县官的重要作用、官民关系以及如何当个好官的诸多问题。本书择其要者节选其中一〇八条。

方大湜，字菊人，湖南巴陵（今岳阳）人。长期担任广济、襄阳、宜昌等地方守令之职。在任所至，兴学校、课蚕桑、关心民生、兴利除弊、息讼安民，颇有政绩。

造福莫如州县

士君子心存利济，不能为督抚，即须作州县，以督抚近君，州县近民也。然兴利除弊，不特藩臬道府能说不能行，即督抚亦仅托空言，惟州县则实见诸行事，故造福莫如州县。前明章枫山先生懋由翰林谪为临武知县，未之任，改南京大理寺丞，尝叹曰：『吾恨不作临武知县！』盖知县正好做事，正好救百姓，岂得以官小为嫌也？枫山本理学名儒，尚且以不作知县为恨事，可见宰官一身，众生托命。果能事事存心，时时留意，必能造福斯民。汝曹如有命作州县，切不可妄自菲薄。

造孽莫如州县

造福莫如州县，造孽亦莫如州县。州县不得其人，则弊端百出。不特本官贪酷罢软，贻害地方，即奸胥蠹役、书。兹将应读之书开列目录于左：

经史

古人引经断狱者不一而足，一行作吏，虽不能效经生家终日咿唔，然偶尔翻阅，总有益处。盖少时读书全无体贴，不过囫囵吞枣而已。阅历世事之后，再读旧书，便觉亲切有味。史书无事不有，更可增长见识。

历代名臣言行录 战国至五代十国，国朝朱桓拙存编辑。宋太祖至徽宗，朱子原本，朱桓节辑。靖康至宁宗，宋李幼武士英原本，朱桓节辑。理宗至帝昺及辽录、金录、元录，朱桓编辑。明录，国朝徐开任原本，朱桓节辑。

史传三编 国朝朱轼可亭、蔡世远梁村同订。《历代名儒传》，李清植分纂；《历代名臣传》汉至隋，张江百川分纂；唐至后五代，蓝鼎元君玉分纂；宋至元，李钟侨世幽分纂。《历代循吏传》，强福旭分纂。

国朝先正事略 国朝李元度次青撰

以上各书所录，皆嘉言懿行，丰功伟绩，读之可以彙心性，鼓精神。

实政录 明吕坤叔简撰。

皇朝经世文编 国朝贺长龄耦庚编。

五种遗规 国朝陈宏谋榕门撰。

福惠全书 国朝黄六鸿思湖撰。

图民录 国朝袁守定易斋撰。

牧令书 国朝徐栋致初辑。

佐治药言 国朝汪辉祖龙庄撰。

学治臆说 国朝汪辉祖龙庄撰。

梦痕录节钞 国朝汪辉祖龙庄撰。

庸吏庸言 国朝刘衡簾舫撰。

蜀僚问答 国朝刘衡簾舫撰。

农桑辑要 元司农司撰。

农政全书 明徐光启子先撰。

授时通考 乾隆二十二年勅撰。

康济录 乾隆四年御定。

荒政辑要 国朝汪志伊稼门纂。

捕蝗要诀

读史兵略 国朝胡林翼润芝辑。

金汤借箸 国朝李盘小有撰。

乡守辑要 国朝许乃钊恒甫撰。

折狱龟鉴 宋郑克武子撰。

鹿洲公案 又名《益智新书》 国朝蓝鼎元鹿洲撰。

历代河防类要 国朝徐璈六骧撰。

治河方略 国朝靳辅撰。

以上各书所录，皆良法美意，读之可以知得失，别是非。

大清会典

大清通礼

学政全书

以上各书所录，皆朝章国故。孔子大圣一则曰『吾从周』，再则曰『吾学周礼』，今之《会典》、《通礼》、《学政全书》，即孔子之周礼也。

大清律例

洗冤录

办案靠幕友，审案则全靠自己，非幕友所能代劳。

《汉书·薛宣传》云：吏以法令为师，平日多记几条律例，审案时乃有把握。检验伤痕，毫厘千里。《洗冤录》剖辨最细，平日须留心玩索。

刑案汇览

驳案新编续编

成案情节不一，多有律例所未赅载者。昔欧阳公为夷陵令，取积年案牍盈箱，堆屋者尽阅之，因此得究知人情物理，后时深有裨于相业。

处分则例

一部《处分则例》，无非公私罪名。公罪不能无，私罪不可有，读之可以寡过。

邸抄

朝廷用人行政，悉载《邸钞》之内。不阅《邸钞》，便不能通晓时务。

海国图志 国朝魏源默深撰。

各国通商条约

海上用兵以后，泰西各国互市者纷至沓来。《海国图志》所载，以西人谈西事，言较确实。凡各国之沿革始末、建置永促以及山川形势、道途远近、风土人情、物产技艺，无不灿若星罗，了如指掌。其要旨，则不外欲筹夷事，必悉夷情，以夷攻夷，以夷款夷，师夷长技以制夷命数语。此留心边务者必读之书。各国通商条约则现行事例也，遇有中外交涉事件，必取决于《条约》。

候补宜择交

候补时，以择交为第一义：同寅济济，不乏可师可友之人。择其品行端方、公事练达者，时相过从，自然受益。淫朋逸友，万不可交，亦不必开罪，敬而远之可也。否则比之匪人，师师非度，兰芷变而不芳，荃蕙化而为茅矣。

候补宜虚心

地方情形，须向资格较深之同官虚心访问。若如何抚绥，如何整顿，则必须向官声卓著之同官虚心访问，始有遵循。盖资格深者情形熟，趋避亦熟，所言所行，未必皆从百姓起见也。

官场换帖太容易

君子之交淡如水。官场换帖，太觉容易，其病在于过浓。当换帖时，饮食征逐，唤弟呼兄，何等情投意洽。一旦临小利害，便若途人，甚至途人之不若。或因交代算帐，较及锱铢，以致相骂相打；或因彼此争缺，各怀鬼蜮，以致相轧相倾。今日如冰如炭之人，即昔日如胶如漆之人。自问殊觉汗颜，旁观能无冷齿？

候补宜谨言

衙参之期，各同寅毕集官厅，切不可高谈阔论，旁若无人。

候补人员见上司

属员见上司，举止要恭敬，却不可过于矜持；应对要详明，却不可过于繁琐。至上司谈讲泛话，其意本不专注一人，应让首府、首县对答，候补者不应多口。

无耻

人不可无耻。严分宜之仆永年，号鹤坡，又号萼山先生。张江陵之仆游七，名守礼，号楚滨，招权纳贿，朝中多赠之诗文，顾亭林先生（炎武）以为文章之辱。今则愈趋愈下，竟有与上司门丁换帖拜盟结为兄弟者，人之无耻一至于此。此而可为，则吮痈舐痔，何一不可为耶！

候补当差

上司差遣，无论紧要事寻常事，均应尽心办理。若以寻常差事，无关紧要，即不尽心，便失敬事之道。

湖北候补知县某，奉委赴外县查办事件，来府禀辞。余询以事之原委，则对曰：『札文繁琐，未曾细阅。』问何以不细阅，则对曰：『自己身任地方，应办之事，无不尽心竭力。若代他人办事，便觉意懒心灰，是以未曾细阅。』余告之曰：『自己应办地方之事，与他人应办地方之事，皆公事也。为人谋私事，尚应尽心，何况公事？且候补无专责，候补所办之事，无非他人之事。既奉上司委办，则他人之事，即自己之事。若似子之鄙夷不屑，则候补时无事可办，无心可尽矣。』其人屡署县事，心地慈祥，操守廉洁，余素器其为人。惟不屑当差，是其短处，此亦通人之一蔽也。

又元微之《游三寺诗》云：『会缘稽首地方佛，无暇精心满县囚。』《自序》云：『道出当阳，奉命录囚，牵于游行，不暇详究。』此真丧心病狂之语，不可为训。

候补出差请教首府县

候补时，奉委出差，事非素习，请教首府县，自获周行之示。

出差勿计较供应程仪

候补人员出差，不可挑饬供应，不可争论程仪。本为公事而来，不问公事而计较饮食，其人品可想，必为识者所鄙，不仅开罪同寅已也。在省候补，本无进项，若出差不受程仪，则往返川资及犒赏等费均无所出。故收受程仪尚在人情物理之中，但不应争多论寡耳。

候补宜俭用

候补时债负太多，将来得缺，若不贪索民财，必致亏挪公帑，其弊总由于奢。反其道而行之，莫如俭用。衣服车马等项切勿华美，古董玉器等项切勿购买。虽应用者不能不用，然遇可省之处，总须极力撙节。即或入不敷出，日用所需时有匮乏，势不能不投入债乡，然果能事事节俭，即欠债亦必不多，庶将来易于弥补。

候补时同寅女眷不宜往来

同寅女眷不宜往来。女眷在寓，与居家一样，裙布钗荆，未为不可。若听其出门拜客，或结姊妹，或拜干亲，则见多识广，衣服必求华丽，首饰必求精良，宴会馈遗必事事求胜，此亦耗财之一端，不仅惹是非也。

新官到任须抖擞精神

作文争入手，入手不佳，便不耐观。作吏亦然。新官到任之初，奸胥猾吏、刁生劣监、土棍讼师以及良善绅民，无人不有一新官在其目中。必须抖擞精神，事事整饬，以慰良善之望，而慑宵小之心。

大利大弊须徐徐兴革

新官大段规模与庸俗不同，即足以新人耳目。若夫大利大弊，关系匪轻，则必侯访察明确，徐徐兴革，切不可孟浪更张，致贻后累。

初任宜简僻缺

地当孔道曰冲，政务纷纭曰繁，赋多逋欠曰疲，民刁俗悍、命盗案多曰难。冲繁疲难四字兼全曰最要缺，兼三字曰要缺，两字曰中缺，一字曰简缺，四字俱无曰无字简缺。要与最要皆曰繁缺，中与简皆曰简缺。繁缺事多，难于称职，繁而兼冲，称职尤难。简缺事少，易于图功，简而兼僻，图功尤易。一则终日精神半消磨于酬应，一则六时功课可专注于生民也。故初试为吏者，冲不如繁，繁不如简，简不如僻。

公罪私罪

官员应得罪名，不越公私两端。凡不系己私，因公得罪，及过失错误出于无心者，皆为公罪。罪由己造，非因公错，及虽属公事意出己私者，皆为私罪。公罪准以级纪抵销，私罪虽有级纪，不准抵销。故公罪虽不能无，私罪必不可有。

吏不可俗

吕叔简先生坤曰：『用三代以前见识而不迁，就三代以后家数而不俗，可以当国矣。』可见三代以后家数并非必不可就，但不可俗耳。

事不可入庙门者断不可为

汪龙庄明府辉祖曰：『为吏者欲求不愧不怍，衾影无惭，万万不能。势会所乘，容有不能不为、不得不为之事，但其所以必为，之故尚近于公，要可告之神明。如恋栈虐民，或逢迎希进，法纪不顾，甘为罪首，发念之端不可以入庙门者，断不可为。』龙庄此说极平正，不求不愧衾影，但求可入庙门，并非强人以所难。

官不可贪

官不可贪，所以不可贪之故大略有六：

一曰坏心术。

事之是非本有一定，官果心地光明，一尘不染，是者是，非者非，何等直截了当。若不知有民，只知有利，则未讼之先惟恐富者之不讼，既讼之后又恐讼者之不富，且恐讼而富者之不穷势，必瞒心昧己，颠倒是非。即是非难于颠倒，亦必曲意庇护于万无一是之中，力求其是；故意周内于万无可非之中，力求其非。堂上万语千言，堂下敲骨吸髓，总不外顾照一『贿』字。如此用心，苦乎不苦？如此存心，坏乎不坏？

一曰败风俗。

富民者，地方之元气。刘簾舫观察（衡）《蜀僚问答》所载，以保富为图治第一义，以禁制棍蠹诬扰富民为保富第一义。余谓欲制诬扰，必自官不要钱始；官要钱则棍蠹明目张胆，有所恃而不恐矣。任杏农学博（哲）曰：『官如要钱，不特扰害富民，而且败坏风俗。昔之贪吏有钱者生，无钱者死；今之贪吏无钱者生，有钱者死。一切词讼，惟知索贿，犹其小者。甚至人命重案，亦不问正凶，但访其族之衣食稍足者，巧为罗织株连，不使破家荡产不止。遂致乡间恶少佥谓：「杀人不怕抵命，自有富户用钱。富户虽惜钱，却不能不欲息事。我辈杀人，不怕富户不出头任事。」用是放胆肆行，动辄聚集多人，持刀握铳，逞凶厮杀，即其父兄族长亦不能禁止。似此人心风俗，必致酿成大患。』杏农所言，确有所指，非臆说也。

一曰损声名。

六计廉为本，官如不廉，未有不声名狼藉者。彼事事贪贿，人人唾骂无论矣。即不事事贪贿，而既已贪贿于前丁役，讼师必号于众曰：『是官也，非贿不行。』，讼有胜，亦有负，负者又号于众曰：『官受贿，我焉得不负？』一行失足，百行尽属可疑。贪墨之名喧传道路，安能执途人而一一剖辨耶？

一曰干国法。

官员事前受财，不按本法判断者，谓之枉法赃，仍按本法断理者，谓之不枉法赃，均应计赃科罪。犯私罪者，杖一百方罢职不叙。受赃一两以下，虽杖不及百，亦罢职。事后受财者，事前虽并未许送，而与非无故，受亦有因。故事枉者仍准枉法论，不枉者仍准不枉法论，惟至死乃减一等。事前听许财物，并未接受，然虽无受财之实，已有得财之心。故枉法不枉法仅减受财一等，至死乃再减一等。定例森严，所以惩贪墨，肃官常也。彼昏不知，直视考成性命如儿戏矣。兹将受赃罪名开列于后，以为触目警心之助。

有禄人枉法赃各主者，通算全科。一两以下，杖七十，每五两加一等。一两至五两，杖八十。一十两，杖九十。十五两，杖一百。二十两，徒一年。二十五两，徒年半。三十两，徒二年。三十五两，徒二年半。四十两，徒三年。四十五

两，流二千里。五十两，流二千五百里。五十五两，流三千里。八十两，绞监候。无禄人减有禄一等，至一百二十两亦绞。

有禄人不枉法赃各主者，通算折半科罪。一两以下，杖六十，每十两加一等。一两之上至一十两，杖七十。二十两，杖八十。三十两，杖九十。四十两，杖一百。五十两，徒一年。六十两，徒年半。七十两，徒二年。八十两，徒二年半。九十两，徒三年。一百两，流二千里。一百一十两，流二千五百里。一百二十两，流三千里。一百二十两以上，绞监候。无禄人减有禄一等，至一百二十两以上，罪止流三千里。

一日辱祖宗。

命妇再嫁，追夺诰敕，命官贪赃，亦追夺诰敕，是官

区区阿堵物便俯首帖耳，受挟制于家丁，殊不合算。

一曰书差耻笑。

官如猫，书差如鼠，猫鼠既已同眠，本难加以约束。然堂皇之上，却不能不强作约束语，消阻闭藏肺肝。如见两旁书差，惟有当面答应，背面耻笑而已。小人为不善，见君子而后厌然。贪吏为不善，见书差亦复厌然，是亦不可以已乎！

一曰畏百姓上控。

受原告之贿则冤屈被告，受被告之贿则冤屈原告，被屈者未必不控诉上官。索原告之贿而原告不肯，则勒诈原告；索被告之贿而被告不肯，则勒诈被告，被勒者亦未必不控诉上官。据实上控，已觉伤我颜面。万一张大其辞，虚增其数，更觉骇人听闻。故未经上控之先，惟恐

其上控。已经上控之后，又惟恐其不了。势必辗转托人，向被屈者婉言劝解，向被勒者退给原赃。甚至赃已退给，而被勒之人恨入骨髓，仍不肯甘心丢手，砌词续控，即以今日所退之赃为从前受赃之据。思前想后，梦寐不安，何自苦乃尔。

一曰畏同寅多言。

委员奉委而来，例中之应酬必不可少，然不过照例应酬耳。例外从丰，尽可视交情为差等，虽未必人人如愿，而公道自在人心。谁肯污我以不洁，即或混造谣言，而平日果有廉名，闻者亦必不肯信，所谓礼仪不愆，何恤乎人言也。倘不知自爱，朘削民财，则人之多言亦自可畏。遇有委员因公来县，或由本邑经过，便不能不格外应酬，以塞其口。岂知墨声四播，防口之难，甚于防川，此塞

彼溃，何益之有？

一曰畏上司访闻。

金来暮夜，天知、地知、子知、我知之外，家丁、书役、土棍、讼师无不知之甚悉，一人传十，十人传百。上官层层叠叠，未必全无耳目。我索百姓之贿，上官之不贤者亦必索我之贿。我索之百姓，费许多心机，受许多唾骂，竟拱手而奉之上官，甚有罄其囊不足，而多方借贷，以应上官之求者。上官受其利，我受其害，年去年来，为人作嫁，殊属不值。上官之贤者，非贿赂所能动。如其存心宽厚，则恶我贪污，必摭拾他端，登之白简，以功名徇阿堵物，亦属不值。如其赋性严毅，则恶我贪污，竟可置我于死地，以性命徇阿堵物，更属不值。

贪吏惟恐民之不穷

循吏只知有民，惟恐穷民之不富。贪吏只知有己，惟恐富民之不穷。昔年从戎时，闻之胡文忠公林翼曰，某邑有富户某，家道殷实，地方官垂涎久矣，苦无隙可乘，乃召差役之黠者而问之曰：『某乡某富户，汝知之乎？』对曰：『知之。』『从不控人何也？』对曰：『某性仁厚，故不控人。』『不被人控何也？』对曰：『某度量甚大，骂不还口，打不还手，故不被控。』官曰：『汝但设法令其进城，我自有道理。』役诺而去。适城内做城隍会，役辗转托人邀某看会，某果进城。役以告官，官附役耳吩咐如此如此，则事济矣。次日，某出门看会，途遇乡民挑粪一担从对面来，故意向某一撞，粪泼衣上。某并无怒色，缓步而去。挑粪者反扭某赴县鸣冤。官即刻升堂，询问何事，挑粪者以某撞翻粪担禀诉。官拍案大怒，曰『汝系富民，一担粪自不要紧。伊乃穷民，耕种田地全赖此粪。汝故意撞翻粪担，实属恃富欺贫。』随即将某收押。某托人关说，馈千金，官不应，增至五千金，乃释。时方会食，同坐者无不喷饭。噫，官名父母，天下有如此猪娘狗爷耶？真强盗之不若矣。

官不可与民争利

官不可与民争利。光绪三年，崇阳县民于己地内掘得阴沉木，县令某派差役数十人赴乡争掘，民心不服，聚众殴差，几至酿成事端。大吏因其与民争利参劾革职。此等人心地本不光明，平日又不读书读律，一旦遇此等事，便不免任性妄为。其实阴沉木能值几何，俟百姓掘起之后，购以半价，未为不可，何必派差争掘？明《高皇帝实录》云，洪武十五年，堂邑民有掘得黄金者，有司以进于朝。上曰：『民得金而朕有之，甚无谓也。』命归之民。夫以黄金之贵重，尚应归民，何况区区阴沉木耶？律载：官私地内，掘得埋藏无主之物，惟骨董、钟鼎、符印等项，限三十日内送官，以异常之物，非民间所宜有也。其余常物，如银钱之类，俱听民收用。阴沉木非异常之物，非民间所不宜有，照律本不应入官，岂可与民争夺？

义利关乃人鬼界

义利关乃人鬼界。若非确有把握，鲜不入鬼界者。左右以利诱，其初多在可取可不取之间，偶一为之，自谓无甚妨碍。久则只知有利，不知有害，则遇有妨碍者，亦必悍然不顾。况此端一开，被人牵鼻，取与不取，并不能由自己主张耶。自爱者当视此事如酖毒，入口即死，无论如何饥饿，万万不可尝试。

退一步想

退一步想，贪心自息，凡事皆然，贪财其一端也。余初任广济时，禀到任情形，胡文忠公林翼手批云：『官之自奉，不能不仰给于公家，然总须立志不求温饱。譬如我辈此时居乡，无论若大本领，必无每年三百金束修之日。以此思之，官何负于我哉！抑又何可多求！』旨哉言乎！余终身诵之。

蠢气

予权襄阳令，赔累近万，旁人皆谓其蠢，盖言予不知就地生财也。予闻而笑曰：『蠢字是好消息，大贤以下，做好人，行好事，皆带几分蠢气，特患蠢而不安于蠢耳。』余惟自安于蠢，襄人亦安余之蠢，作歌谣十八章，名《好好歌》，又十八章，名《好了歌》。其《好了歌》之第二章曰：

『方公好，方公好，不用门丁把民扰。竹梆传事无阻碍，譬如喉痺病除了。』谓予不用门丁也。《好好歌》之第四章曰：『方公好，方公好，居不安来食不饱。心忧蝗虫伤田禾，亲率黎民捕灭了。』谓余扑捕蝻也。第五章曰：『方公好，方公好，只爱黎民不爱宝。任尔金玉堆成山，我公视之如粪草。』谓予不要混帐钱也。抚躬自问，尚少愧色。此外概属溢美之词，未免颜汗。

官民交财

官与民交财，乃官声所系，最宜留意。署中所需，一切须用现银现钱，照时价平买。到任之初，即须大张告示，晓谕各铺户知悉，如有官亲、家丁及买办人等，恃强赊取，或短发价值，行使低银，准该铺户据实扭禀。卸事时亦应出示晓谕，如衙门内人该欠铺户帐，令该铺户赶速索讨。

官价

官价最为累民，如能裁革，岂不甚善。然与其词讼要钱，反不如官价仍旧，百姓尚习见习闻，不以为怪。故到任之初，须合进项出项通盘计算。如入不敷出，即将官价一项姑仍旧贯，特不可漫无限制，纵容家丁人等任意取索耳。如入数与出数不甚悬殊，则官价必应裁革。

陋规

陋规乃地方历来之成例，各处名目不一，有必应裁革者，有不必裁革者，有不必裁革净尽仍须去其太甚者。至前官已裁之陋规，无论应裁不应裁，万不可自我复旧。前官未有之陋规，无论可得不可得，万不可自我作俑。

汪龙庄明府辉祖曰：『裁陋规，美举也。然官中公事廉

俸所入，容有不敷支给之处，是以因俗制宜，取赢应用。忽予汰革，目前自获廉名，迨用无所出，势复取给于民，且有变本而加厉者。长贪风，开讼衅，害将滋甚极之。陋规不能再复，而公事棘手，不自爱者，因之百方掊克，奸宄从而藉端，良善转难乐业，是谁之过欤？陋规之目，各处不同，惟吏役所供，万无受理。他若平馀津贴之类，可就各地方情形斟酌调剂，去其太甚而已，不宜轻言革除。』

刘簾舫观察衡曰：『陋规出之民者或牵涉讼案者，如命案夫马钱、两造出结钱、代书戳记钱及坐堂礼之类，分毫不可收受。又管理钱局，局内炉头人等所出之陋规，虽无关于民讼，然关系钱法，亦必不可收受。若盐当烧锅与行户验帖，旧有之规，钱既不出于民，而于讼事全不相涉，似乎无碍，受之可以津贴公用。盖我辈得官，一切用

度，有与官而俱来者，款项繁多，势不能减省。若将无碍之陋规遽行裁革，必不敷用。倘将来窘迫时又欲复之，则出于创而非由于因，转至民心骇异，因而民怨沸腾，故不可遽革也。』

合汪、刘两说而观之，何者必革，何者不必革，可类推矣。

革陋规非易事

刘簾舫观察衡曰：『革陋规大非易事。官欲革陋规，不可令一人知之。恐棍蠹闻之，转向其人索诈撞骗，妄称：「敛钱若干给我，我有门路，能令官府永远裁革此条陋规。」其人欣喜过望，未有不堕其术者。官未知之，以为自裁陋规，为民除害也，而不知棍蠹已先索得多钱到手，彼旧出陋规者反多出钱矣。』

此说载在《庸吏庸言》，系专为裁陋规说法。余谓地方官一切兴除，凡有可藉以撞骗者，均应密速行之，不只裁陋规一端也。樊城落地税，例由襄阳府经收。余守襄时，有绅士进谒，谓：『黄表纸一项乃民间常用之物，只以税价太重，客商裹足。凡纸船上驶，均径赴老河口，路过樊城，并不起岸，以致纸价昂贵。应请减税，以广招徕。』余甚然其说。因平日有簾舫此论横亘胸中，恐为所卖，漫应之云：『现在税项不旺，若再减价，岂不更形短绌？』该绅知不肯减，遂不复言。迟至数月之久，余自作减价简明告示，先于空白纸上用印，后令署中人分手疾书，饬差即刻张贴。该绅闻之，讶为不测云。

不俭用必贪赃

俭以养廉，老生常谈也，其理却至当不易。就官话而论，惟廉俸系应得之项，然实任全廉已经不多，署任半廉为数更少。州县公事，动辄罚俸，亦无俸可领，其匮乏自不待言。就私话而论，则例外之陋规，如钱粮、馀平、漕米斛面、税契盈馀之类，亦只有此数。况陋规多，应酬亦多，除必不可少之应酬外，所馀变复无几。若习为奢华，饮食、衣服、车马、器皿、玩好等项，件件讲究，所出之数浮于所入，势必缺用。缺用不已，势必借债，借债不已，势必贪赃。

不俭用必亏空

世固有不节用亦不贪赃者，其人必亏空公币。打仗须可进可退，做官亦然，亏空公币，便能进不能退。岂知上司之爱憎无常，己身之疾病难料，与夫因公获咎，或降或革，此事所恒有，皆不能不退。退则所亏之数和盘托出，监追查钞既累自己，按成分赔又累上司，其弊总由于

不俭。果能事事俭约，必不亏空，即有亏空，亦必不多。亏空分侵盗、挪移两项，入己者谓之侵盗，挪作别项公用者谓之挪移。

优缺亦不可奢华

世亦有极优之缺，不节用亦不匮乏，且可不必贪赃，不至亏帑者。然此等缺不可多得，不能必得。幸而得之，应用之外，如有馀剩，尽可与尔邻里乡党，何必习尚奢华，以有用之钱作无益之事？且当其挥霍自如时，本色全无，俗不可耐，即不贪赃，不亏空，亦不免为识者所鄙。至一人奢华，一家内外无不奢华，罢官之后，其涸也可立而待，尤非教家之道。

精明浑厚

『精明浑厚』四字，最易离开，最不可离开。离开则精明欠浑厚便是刻薄，浑厚欠精明便是糊涂。予移守武昌，大府奏称『该守精明浑厚』云云。予甚愧之。

缓

清、慎、勤、明之外，尚有一字诀，曰缓。刘忠定公（安世）初登科，与二同年谒张仲宾参政。观三人同起身请教，张曰：『某自守官以来，常持四字：勤、谨、和、缓。』一后生应声曰：『勤谨和既闻命矣，缓之一字，某所未闻。』张正色作气曰：『何尝教贤缓不及事？且道世间甚事不因忙后错了？』吕居仁（本中）《童蒙训》曰：『当官者先以暴怒为戒事，有不可，当详处之，必无不中。』缓即从容详处之谓，非怠缓也。

勿喜事

杨文襄公（一清）曰：『为政之务在省事，不在多事；在守法，不在变法；在安静，不在纷扰；在宽简，不在烦苛。』此数语乃对针喜事而言，非废弛之谓也。或问欧阳文忠公（修）曰：『公为政宽简而事不废弛，何也？』曰：『以纵为宽，以略为简，则废弛，而民受其弊。吾所谓宽者，不为苛急；所谓简者，不为繁碎耳。』欧阳公此说最有斟酌。

热肠

富贵利达，眼不可热。民生休戚，肠不可不热。肠不热，则百姓之休戚如秦越肥瘠，漠不相关矣。陈文恭公（宏谋）曰：『得百自了汉，不如得一热肠人。』又曰：『地方官视民事全无关切之处，虽有良法美意，多不能行，勉强行之，亦见其害，不见其利，益见有治人无治法之非虚语也。然所谓治人，才调犹次，其最要者，此一点不容已于斯民之心。有此心，则才之大小可以随事见功，否则虽有长才，亦足为害，何况无才！」

担当

办大事须有担当，须将功名置于度外。若无担当，必至误事。若不将功名置于度外，必不肯担当，必不敢担当。

宋洪忠宣公皓为秀水录事，遇水灾，公白郡守，以荒政自任。会用且尽，有浙东运常平米四万，过城下，公遣吏锁津栅，语运官截留，官噤不肯，曰：『此御笔所起也，罪死不赦。』公曰：『民仰哺，当至麦熟。今腊犹未尽，中道而止，则如弗救，愿以一身易十万人命。』竟留之。未几，廉

访使至，曰：『平江哀号诉饥者旁午，此独无有，何也？』守具以对，而公得无罪。

范忠宣公纯仁知庆州，饥殍满路，官无谷以赈恤。公欲发常平封贮粟麦赈之，州郡官皆不欲，曰：『常平擅支，罪不赦。』公曰：『环庆一路生灵付某，岂可坐视其死而不救？』众皆曰：『何不奏请于上，得旨而后散？』公曰：『人七日不食即死，何可待报朝廷？虽有恤民之意，亦无及矣。诸公但勿预，吾愿独坐罪。』即发粟赈之，全活无数。

明景泰二年，都御史王竑巡抚江北，时徐淮连岁饥荒，竑大发官仓赈救，诸仓尽空，独广运仓尚有滞积，此备京师之用者也，一中贵、一户部官主之。竑欲发，而主者难之。竑曰：『民惟邦本，本固邦宁。民穷至此，旦夕为盗，且上忧朝廷，何论备京师？尔不吾从，脱有变，吾先

杀尔，治尔召盗罪，然后自请死。』莅词既戆，主者素惮其威，许之。所存活百五十八万八十馀人，他境流寓安辑万六百馀家，共用米一百六十馀万石。

乾隆三十一年，高祖云轩公任甘肃兰州府，值巩昌、庆阳、平凉灾，奉檄散赈，请饷未即至，适部拨城工银三十万两过境，公截留之，押运官有难色。公曰：『事当权其轻重缓急。城工可以暂停，饥民岂能久待？专擅之咎，我自任之。』乃一面驰白，一面便宜行事，民赖以甦。制府再三嘉奖，谓『此举竟未筹及，君能有此担当识力，诚高人一等矣。』是役也，公仅携从者二人，一切文移告示、禀稿，咸出亲裁，栉风沐雨，寝食俱废者，四十馀日，归装除印囊、砚匣之外，别无长物。灾民扶老携幼，遮道相送，皆感激泣下。世尝说古今人不相及，观云轩公已事，慈心毅

力，与洪、范、王三公岂有异耶？此事详载巴陵旧志，新志序太略，特敬录于此，以示汝曹。

浅露

浅露二字，最为误事，处小人尤宜切戒。《读书偶得》云：《易》曰：『唯深也，故能成天下之务。』未识深字之义，后观历代谋事者，多以浅而致败，乃深悟其理。唐德宗时，李怀光自山东提兵赴奉天之难，数与人言卢杞、赵赞、白志贞之奸，曰：『天下之乱，皆若曹所为也。吾见上，当请诛之。』既而反为杞等所谮，不得入朝。梁王彦章为招讨使，嫉赵岩、张汉章之奸，曰：『待吾成功，然后入朝清君侧。』赵、张闻而谮罢之。宋济王为太子，嫉史弥远之奸，呼为『新恩』，以为他日贬之，非新州即恩州也，后反为弥远所废。此三人者，功尚未成，位尚未得，肆口扬言，以

犯小人之忌，安得不败？

成见

当官处事，不可预存成见。《孟子》曰：『君子平平其政。』张子曰：『为政先须平心，不平其心，虽好事亦错。』平者，轻重适中。心有成见，则畸轻畸重矣。

有条理

事不论大小，总要有条理，无条理则乱次以济。韩信将兵，多多益善，不外『分数明』三字。

学问阅历

无血性，不能干事；有血性，无学问，则血性亦有时偾事。无聪明，不能干事；有聪明，无阅历，则聪明亦有时误事。

立法求其可行

立法贵乎必行。立法先求其可行，若不求其可行，而冒昧行之，或格于成例，或限于才力，或拂乎人情，戾乎土俗，其法终归于不行，徒多一番搅扰耳。王安石诗云：『今人未可非商鞅，商鞅能令政必行。』新法之祸天下，只是效商鞅之必行，初不问可行与否也。

法立弊生不可因噎废食

法立弊生，决无百利而无一弊之事，断不可因噎废食。即如设官所以治民，官之贪酷者则不治民而害民；设兵所以卫民，兵之桀骜者则不卫民而扰民。岂可因官之害民，遂不设官？因兵之扰民，遂不设兵？朱子曰：『七分利三分害，或利久而害暂，即当行之。三分利而七分害，或害久而利暂，则不当行之。』吕新吾先生坤曰：『毋执偶然之弊，而訾常然之法。』皆阅历语也。

天不为荆棘靳雨露

世间好人多，坏人亦不少。地方官利民之事，如被坏人阻挠，或加以讪谤，只须问事之应行与否。事如应行，切不可因此呕气，因此灰心。陆宣公云：『天不为荆棘靳其雨露。』余遇此等事，辄玩味宣公之言，便觉心平气和，全无烦恼，应行之事，仍旧照行，不因荆棘连累桑麻也。

官不可好名

官不可好名。实者名之形，名者实之影。一味好名，则纯盗虚声，毫无实济，必至名裂而后已。

官不可无名

官不可无名。子夏曰：『信而后劳其民。』朱注以『诚意交孚』解信字。比间族党之法废，官民隔塞不通，官之

诚意岂易家谕户晓？亦必无行一事而人人受惠之理。受惠者信之，是诚意所感。未受惠者亦信之，是诚意之声名所感。

官声卓著最省事

官声卓著，不特能干事也，亦最能省事。如官有廉洁之名，人自不敢以贿进。官有正直之名，人自不敢以情托。官有精明果决之名，人自不敢以无情之辞轻为尝试。断却许多葛藤，省却许多心力。

恶居下流

吏虽不良，未必事事害人。偶出一令，偶行一政，与良吏所为亦无甚区别。而民不信服，动辄哗然，不斥其无故生事，便疑其意图染指。此无他，平日之声名太坏也。

来瞿塘先生（知德）曰：『王命南仲城彼朔方，诗人以为美谈。

至始皇筑长城，则皆以为劳民伤财。为仁不富，为富不仁，出于孟子之口则为格言，出于阳虎之口则为剿说。故君子恶居下流。』

官不可不畏民

民不可不畏官，民不畏官，是谓乱象。官尤不可不畏民，官不畏民，是谓乱阶。故盘庚之诰曰『恭承民命』，祖已之训曰：『王司敬民』，文王之于鳏寡也，不曰『不忍侮』，而曰『不敢侮』。

畏民非畏葸之谓

官愈葸则民愈骄。所谓畏民者，非畏葸之谓，特不敢肆于民，上为所欲为耳。民之所好好之，民之所恶恶之，自指公好公恶，而言若偏好偏恶，又当别论。故俗之可因者利用因，毋违俗以拂百姓之欲；俗之应革者利用革，

毋询俗以干百姓之誉。

亲民工夫

地方官下乡，男妇老幼环而相视。不妨招集耆老来前，谘询慰问，劝以孝弟力田，早完国课，莫打官司等语，辗转传达，必有闻而感动者。此正是亲民工夫。毋任差役耀武扬威，执鞭驱逐。

惩治豪横之后须随时传谕警戒

不孝不弟以及豪横之辈，已经传案责惩，释放后，如因巡历经过其地，须向彼地绅士耆老询问某人近来如何，已改过否，传谕警戒。其人闻之，必畏惧敛迹。

告示

告示自不可少。但须简明，不可繁琐，宜剀切，不可通套耳。简则易记，明则易晓，剀切则入情入理，百姓自

然感动。故《诗》曰：『辞之辑矣，民之洽矣。辞之绎矣，民之莫矣。』

咨访风俗

民风土俗各处不同，顺而导之，自易为力，若不博访周咨，留心体察，则行事必多乖错，刑罚必多失中，条教号令必多格格不入。前明刘忠宣公大夏出理边饷，召边上父老，日夕讲究。周文襄公忱巡抚江南，尝操一小舟，沿村逐巷，随处询访。遇一村朴老农，则携之与俱卧于榻下，咨以地方之事。故忠宣理边饷，独得要领，文襄定赋役，斟酌损益，尽善尽美。

看本邑志书

本邑志书不可不看。民情土俗，悉载志书之内，不看志书，必不能因地制宜。

读有用之书

志书而外，尚多应读之书。朝廷设官，原为百姓。作诗写字，弹琴下棋，虽可适一己之性情，究无关百姓之痛痒。公事稍暇，宜读有用之书，以拓心胸，以增识见。

阅文稿

陈文恭公抚陕西时，申饬各属，不阅文稿。檄云：

『官场陋习，动云官止出此一身，事上接下，其文书稿案则有书吏，序送幕宾点改，焉能件件亲阅？又何必事事烦劳？所以上司所行之文，本衙回覆之稿，均未细阅。来省相见，止就眼前之事强记略由，细加诘问，茫无以对。叩询别件，则以想当然之词，作莫须有之对。甚至谎称尚未奉到，其实奉到许久，竟未寓目。上司虽有美意良法，由院司递行，尚系空文，州县接到，则须措办。如州县肯实心措办，则空文无非实事，不然则实事亦成空文。乃并空文而不留意，所关吏治不浅。嗣后奉到文书，务须耐烦阅明，各就地方情形悉行筹画。能行者何处，不能行者何处，或可推广，或须变通，应回覆者，将现在情形明白回覆。或眼高手硬，不必尽出心裁。而事理之是非，民情之须逆，岂可漫无讲究？果如奉文时自己有一番玩味，定稿时与幕宾有一番参酌，及到奉行，因地制宜随时补救，又有一番布置防范，自然事得其理，民受其益。自己经心筹计，亦必增长才识。』文恭此檄可谓切中。

素位而行

在任多年，应迁应调，而竟不迁不调，此中自有定数，须就现在所居之位，办现在应办之事，切不可生怠惰心。韩魏公琦监左藏库，时方贵高科多径去为显职，公独滞管库，处之自若，于职事未尝苟且。徙推官，理事不倦。府尹王博文大器重之，曰：『此人要路在前，而治民如此，真宰相器也。』钱明逸由禁林出为泰州，居常怏怏，不事事。公闻之，语人曰：『己虽不足，独不思所部十万生灵耶？』如此居心，方不负设官分职之意。

咎由自取命不任过

升官，命也。参官，亦命也。然须看其因何被参：如问心无愧，而因公获咎，诚不能不谓之命；若犯贪赃、赌博、吸食鸦片之类，致被参革，此则咎由自取，命不任过也。来瞿塘先生知德曰：『王充作《论衡》，以尧、舜、桀、纣一切皆归之时命。若如此论，则人皆不学好矣。岂论之衡乎！俗人殴人，曰命裹不遭枷锁，殴人亦无害，正坐此乱说。殊不知服乌头、附子，方中其毒，岂有吃粳米、麦面，亦中乌附之毒者哉！』

勿演戏

衙门内无事演戏，固属不宜，即做寿酬神，亦不宜演戏。官眷出外看戏，固属不可，即在本衙门以内，亦不可看戏。叶玉屏刺史镇曰：『为官好演戏，最是误事。衙门内多一日宴乐，外间即多一日愁苦。况费昼夜，费廉俸，费庖厨物命，费仆役张罗铺设。且尽人赴热闹，场中火烛堪虞，奴婢奸盗易起，更人已两损也。』此说深切著明，然流弊尚不止此。戏剧中多桑间濮上之事，所谓才子佳人，类皆以无为有。一经登台扮演，则狎亵之状，媟嫚之声，曲意形容，淋漓尽致，俨然真有其事，真有其人。堂以前父兄子弟、僚属宾朋以及仆从皁吏，无不环绕聚观，已觉不成事体。帘以内母女姑媳，姊妹妯娌以及仆妇婢女，公然于白日青天之下，大庭广众之中，寓目及此，尚复成何世界？目中有妓，心中无妓，惟明道先生为然，恐彼时看戏之男女，未必皆明道先生也。古来士大夫实无此家法。

勿赌博

官衙不可赌博。本官好赌，则官亲、幕友、家丁、书差，无不好赌。满衙皆赌，百弊丛生，废时失事，其一端也。

勿嗜酒

酒可饮，不可嗜。黄鲁直作《黄彝字说》云：『酒善溺人，故六彝皆以舟为足。』顾亭林先生曰：『水为地险，酒为人险，故《易》爻之言酒者，无非《坎》卦。』汪龙庄明府曰：『饮酒不节，最易误事。即于事无误，而被遣者必曰『适逢使酒』，即官声之玷矣。』合数说而观之，嗜酒者，其废然自返乎！

勿劝客过饮

宴会劝客，不过聊示敬客之意，客如不饮，不必苦劝。盖酒量大小不一，过量则醉，醉则语言颠倒，举止失常，时而嬉笑，时而怒骂，时而号咷，甚至大呕大吐，如患重病，且有倒卧地下，不省人事者。酒以合欢，必令其丑态百出，殊属无谓。（醉后形状，『宾筵』之第三章、第四章描写殆尽，熟读之，便知其丑）《湛露》之首章曰：『厌厌夜饮，不醉无归。』乃言其用情之厚，心有是想，非必实有是事也。故三章曰：『莫不令德，』四章曰：『莫不令仪，』与《小宛》之『各敬尔仪』，《宾筵》之『维其令仪』同意。果真醉矣，势必幡幡怭怭，僛僛傞傞，尚何令德、令仪之有？

勿讲究饮食

明尚书刘南垣，请老家居，有直指使者以饮食苛求属吏，郡县患之。刘曰：『此吾门生，当开谕之。』俟其来，款之曰：『家常饭，能对食乎？』直指以师命不敢辞。自朝过午，饭犹未具，直指饥甚，比食至，惟脱粟饭豆腐一器而已。各食三碗，直指觉过饱。少顷，佳肴美酿，罗列盈前，不能下箸。刘强之，对曰：『已饱甚，不能也。』刘笑曰：『可见饮馔原无精粗，饥时易为食，饱时难为味，时使然耳。』直指喻其训，后不敢以盘餐责人。

江西甘矮梅通《五经》，四方从学者甚众。一日，有门生为御史者谒见，甘款语久之，曰：『能少留蔬食否？』及设馔，惟葱汤麦饭而已。甘曰：『御史岂啖此者，第老夫易办耳。』口占一诗云：『葱汤麦饭暖丹田，麦饭葱汤亦可怜。试向城楼高处望，人家几处未炊烟？』

晋何曾性奢豪，务在华侈，帷帐车服，穷极绮丽，日食万钱，犹云无下箸处。子邵亦有父风，衣裘服玩，新故巨积，食必尽四方珍异，一日之供，以钱二万为限。诸子皆骄奢，凌驾人物。永嘉之末，何氏灭亡无遗类。

近日宦途饮食，务求丰腆。味刘之言，何必讲究？读甘之诗，何忍讲究？观何氏之事，则不特不必讲究，不忍讲究，亦且不敢讲究矣。

宴会勿太奢

宴会不可太奢。州县宴会，非寅僚，即绅士，纵不能如昔人五簋之约，亦应在不丰不俭之间，岂可过于奢侈，致开风气？

勿买古董

买古董不如买书，书有用，古董无用也。何必以有用之钱，购此无用之物？有货玉带于王文正公（旦）者，其弟以呈公曰：『甚佳』。公命系之，曰：『还见佳否？』弟曰：

『系之，安得自见？』公曰：『自负重而使观者称好，无乃劳乎！』有餽砚于孙侍读公甫者，直三十千。公曰：『何贵也？』客曰：『砚以石润为贵，此石呵之水流。』公曰：『京师一挑水，才直三钱，要此何用？』有献古镜于吕文靖公（夷简）者，曰：『此镜能照二百里外。』公曰：『吾面不过碟子大，何用照二百里耶？』三公之言，真快论也，亦至论也，爱古董玩器者，当熟味之。

勿谄媚上司

上司不可谄媚，亦不必谄媚。成敬奇省姚崇疾，对崇涕泣，怀中置生雀数头，对崇放而祝之：『愿令公速愈。』崇恶其媚，曰：『此泪从何而来？』遂不复接遇。丁谓为寇莱公拂鬓，莱公鄙之。郭霸尝来俊臣粪秽，俊臣鄙之。

宋之问捧张易之溺器，易之轻之。可见谄媚太过，不特见恶于君子，并且取厌于小人。

事上宜诚朴不宜浮华

诚朴之吏，悃愊无华，上司赏鉴，若不在牝牡骊黄之外，便觉格格不入。然表里如一，始终如一，久之自能浃洽。即或不甚器重，而脚踏实地，颠扑不破，公道自在人心，自好之，上司亦断不肯违公论，而加以屏斥。浮华之吏，容易见好，然不能耐久，久则底蕴毕露，转为上司所鄙薄矣。同治年间，湖北候补知府某居心险诈，历任院司，均不信用。某廉访喜其应对便捷，倚为腹心。始则排挤同寅，继且倾轧廉访，廉访恶之，勒令终养而去。《大戴礼》云：『容色辞气，其入人甚愉。进退周旋，其与人甚巧，其就人甚速，其叛人甚易。』可谓如见肺肝矣。

上行公文宜明

一切上行公文，须明白晓畅，不可率略晦塞。上司走马观花，上司之幕友亦多不耐烦思索，须令一目了然。

禀陈利害措词宜委婉

事有关系民生利害者，或应行而上司不准行，或不应行而上司必欲行，亦既确有所见，即须据实禀陈。不得因上司驳斥，便不敢再申前说，致误地方，但措词须委婉耳。

上司厉民之政宜变通

上司有厉民之政，志在必行，州县既不能挽回，便须酌剂而变通之，庶不致大伤元气。邵康节先生所谓新法固严，能宽一分，则民受一分之赐也。

前任善政宜实力经理

前任有益地方之事，后任须实力经理。杜预复信臣之陂，苏轼修李泌之井，全从地方起见。事果有益地方，原不必功自我出，论自我创也。

原问不实

发审案件，如原问不实，必须据实平反，切勿回护原问，致枉民命。倘原问处分太重，同寅之谊未可恝视，则禀求上司，将原问官衔名列入详内，作为随同更正可也。

与小人共事勿负气

与小人共事，切不可负气，必须委曲求全，乃见作用。前明蒋恭靖公瑶守扬时，与中贵人会勘民事，中贵受贿，欲死被诬者。公潜戒行杖者曰：『我命汝笞数多，汝慎勿重。其人死，我亦死汝辈。』被诬者获全，中贵大悦而

罢。此事作用，妙在轻笞，尤妙在多笞。扬守不能与中贵争衡，中贵欲死之，守欲生之，非笞数多，中贵必不肯罢，多其数，正以救其命也。

同寅勿修怨

同寅待我设有过当之处，只可情恕理遣，不可修怨。修怨则失和矣，且示人以不广。王文正公旦在中书，寇莱公准在密院。中书偶倒用印，密院勾吏行遣。他日密院亦倒用印，中书吏亦呈行遣。文正问：『汝等且道密院当初行遣，是否？』曰：『不是。』公曰：『既不是，不要学他不是。』此真宰相度量也。

勿暴人祖父过恶

言语伤人，甚于矛戟。同寅失和，虽甚忿怒，切不可发人隐私，尤不可暴人父祖之恶。到溉、祖彦之曾以担粪

权不下移之法

官与百姓常见面，则吏胥无权。官与吏胥常见面，则家丁无权。

勿用门丁

或有问于余曰：『人人用门丁，君独不用，何也？』

余应之曰：『州县为亲民之官，任用门丁，则官与百姓气脉不通。书差亦例所应有之人，任用门丁，则官与书差气脉不通。咽喉之地，无故添入梗塞之物，殊属无谓，故不用也。若靠门丁办事，则无才之门丁不能办事，终须本官费力，何必多此赘物？有才者又惯于作弊。州县为民父母，断无任听门丁鱼肉百姓之理，自必随时防范，何不以防范门丁之精神材力，自己办事耶？』

应用之人不必多用

传贴、写字、跟班、管厨、管监卡均系应有之人，冲途州县尚有差总、流差、马号等事，亦须派人经理。然不可多用，（厨房火食，系属私事，派家丁管理可，派官亲管理亦无不可。湖北马号派家丁，直隶马号则派官亲幕友。）多则互相推诿，必不得力。

一个和尚挑水吃，两个和尚抬水吃，三个和尚没水吃，此虽俚语，实为确论。

勤见绅士

不见绅士，则地方一切情形无由知悉。绅士未必皆贤，因其贤否不齐，遂一概拒绝，未免因噎废食。

见绅士之法

接见正绅，不可令茶房侍侧，亦不可令家丁侍侧。盖正绅多避嫌，恐招怨，有人侍侧，彼必不肯尽言无隐。若见劣绅，则宜多令家人及茶房、号房环侍左右，众人属目，彼必不敢公然干以私，此不恶而严之法。

勿令绅士受累

土棍讼师是何姓名，如何扰害，惟绅士知之最悉。有密告者，则密记于册，无论拿与不拿，办与不办，切不可漏泄。否则土棍讼师知发觉之由，必定恨入骨髓，寻隙报复，绅士反因我而受累矣。

门无留客

绅士进见，过客拜谒，须严嘱号房及传帖家丁，立时禀明，见与不见，听本官吩咐，若辈总不得片刻留难。武王之《门铭》曰：『敬遇宾客，贵贱无二。』郑当时诫门下：『客至，无贵贱，无留门者。』皇甫嵩折节下士，门无留客。均不失《门铭》遗意。

勿受绅士礼物

绅士送礼，必不可受。今日致送礼物，和颜接受，明日关说讼事，峻词拒绝，抚躬自问，实属不近人情。若因其曾送礼物，而遂允其关说，官之声名自此狼藉矣。

勿凌辱秀才

粗暴之吏，往往以凌辱秀才为能事，殊可不必。余中丞《治谱》曰：『诸生即有一二不肖，须为众人惜体面，切不可窘辱太过，波及父兄妻子。此不惟全斯文之体面，收一时之人心，亦可观我辈心术。诸生为他人言事，此是无耻。若父兄子弟之事，亦是至情，州县亦须委曲，凡事从宽。诸生之父，非大故不可加刑，亦培植斯文之一事。』此长者之言也，然措词甚有分寸，并非一味姑息。

不接异色人

薛文清公瑄曰：『当官不接异色人最好，不止巫祝尼媪宜疏绝。至于匠艺之人，虽不可缺，亦当用之以时，大不宜久留于家。与之亲狎，皆能变易听闻，簸弄是非。儒士固宜礼接。亦有本非儒者，或假文词，或假字画以媒进，一与之款洽，即堕其术中。如房琯为相，因一琴工董庭兰出入门下，依倚为非，遂为相业之玷。若此之类，能审察疏节，亦清心省事之一助。』

得民在听讼

欲得民心，全在听讼。随到随审，可结便结，毋令拖累日久，以致荡产倾家，即此便是养民，惩一儆百，即此便是教民。鲁庄公曰：『大小之狱，虽不能察，必以情。』曹刿曰：『忠之属也，可以一战。』可见听讼之效甚大。

为百姓省钱

庶人无在官之禄，民间词讼，断不能令其一钱不费，但须随时随事为百姓省钱耳。欲为百姓省钱，其要有六

一曰禁教唆。

户婚、田土、钱债，及一切口角细故，乃民间常有之事，本人虽然呕气，未必一定告状。棍蠹从中挑唆，辄自谓熟识衙门门丁书役，与我相好，我可包告，包准既可出气，又不必多花钱文。迨既告之后，百般盘剥，却不怕他不花钱，不由他不多花钱，借债卖田。案犹未结，倾家荡产。职此之由，此教唆之害也。

一曰杜歧控。

刁民立意害人，诪张为幻，今日在县丞衙门控告，明日在巡检衙门控告，又明日在典史衙门控告，又明日在

武弁衙门控告，此处之差役甫去，彼处之差役又来。此处案已了结，业经花钱，彼处案犹未了，又须花钱。良民之家，安得不破？此歧控之害也。

一曰裁规费。

『衙门八字开，有理无钱莫进来。』此谚语也，卻是实录。即如代书盖戳则有戳记费，告期挂号则有挂号费，不俟告期而传呈者有传呈费，准理而交保者有取保费，房书送稿有纸笔费，差役承票有鞋袜费，投到有到单费，踏勘有夫马费，坐堂有铺班费，结案有出结费，请息有和息费。事事索费，人人索费，费之名色更仆难数。相验命案，夫马费之外名色，尤不一而足。欲裁规费，大约费在宅门以内者必须裁革净尽，费在宅门以外者则弊去太甚，毋令放胆肆行。湖南平江县现办章程，由绅商捐资生息，作

为相验命案经费，不许向凶手、尸亲、户邻人等需索分文，载在县志。若能仿照办理，则相验命案规费，无论宅门内外，均可裁革。

一曰慎株连。

原告意在拖累，则将素有嫌隙，绝不与本案相干者混列词尾；意存讹诈，则将家道殷实，绝不与本案相干者混列词尾。经承叙稿，往往照词尾按名全录。核稿时，只应摘传紧要人证，其无关紧要者概从节删。若不节删，便中其拖累讹诈之计矣。谚有之曰：『一人到官，一家不安。』又曰：『堂上一点硃，民间千点血。』如之何弗慎！

一曰少标差。

湖北州县户婚、田土、钱债等案，竟有一案标差十名八名者，假如每差一名给钱一千文，便须花钱十千八千

听必有闻，若不许其开口，则听而不闻，何必多此一听？况愚民不晓事体，往往自以为是，若不许其开口，便觉满腔屈抑，虽被责，归家亦不知因何受责。刁民自知理曲，欲故意以曲为直。若不许其开口，则诪张伎俩未曾一试，彼必曰：『是特不许我开口耳，非能发我之奸，摘我之伏也。』势必逞其伎俩，上控京控，须知『察辞于差』，《书》有明训，愚民差处原不难于分剖，只须令其倾筐倒箧畅所欲言，则差处自见。就其差处而剖之，果能分晰明白，彼必俯首无辞。刁民差处亦不难于判断，当其信口侈陈，词多扭捏，必有弥缝不到之处，所谓言多必失也。待其词毕而驳诘之，则真情出矣，何必不令开口耶？

勿为诈伪所卖

人心不古，诈伪多端，略举数事，以为象物之铸。冯

梦龙《智囊补》云：东海孝子郭纯丧母，每哭则群乌大集。使检有实，旌表门闾。复讯，乃是每哭即撒饭于地，群乌争来食之，其后数数如此，乌闻哭声，莫不竞凑，非有灵也。河东孝子王燧家猫犬互乳，其子言之州县，遂蒙旌表。讯之，乃是猫犬同时产子，取其子互置窠中，饮其乳惯，遂以为常。有僧异貌，能绝粒，瓢衲之外，丝粟俱无。坐徽商木筏上，旬日不食。他商试之，放其筏中流，又旬日，亦如此。乃相率礼拜，称为活佛，竞相供养。曰：『无用供养我。某山寺头陀以大殿毁，欲从檀越乞布施，作无量功德。』因出疏，令各占甲乙毕，仍期某月日入寺相见。及期，众往询，寺绝无此僧。殿即毁，亦无乞施者。方共惊骇，忽见伽蓝貌酷似僧，怀中有簿，即前疏。众诧神异，喜施千金。后乃知塑像时，因僧异貌，遂肖之，作此伎俩，而不食，

乃以千牛肉脔为数珠数十颗，暗啖之也。此皆工于作伪者，不识其伪，便为所卖。

为民即是效忠

效忠乃臣子常分。非必左右明廷，始可披胸见款。藐兹小臣，君门万里，虽素孕血诚，倾沥无所。只竭力为民，即是效忠也。

媚于庶人

《卷阿》之七章曰：『媚于天子』。八章曰：『媚于庶人』。人皆知天子当媚，不知庶人亦当媚也，不知媚庶人即所以媚天子也。盖能尽媚民之道则民悦，民悦则久安长治，所效于天子者多矣。人臣输忠，孰大于是！

诚

子言：忠信笃敬，至参前倚衡始行。《大易》《中孚》一卦，虽豚鱼可格。凡莅一方，果实心实政，其下自有风动之效，所谓至诚而不动者，未之有也。若有一毫粉饰，则百姓断不可欺，所谓不诚未有能动者也。官之性情心

术，百姓无不知之，洞然无所蔽隔。居是职者乌可不诚！

敬

居官临民，以敬为本。《传》曰：『敬，民之主也。』《记》曰：『莅官不敬，非孝也。』敬则百姓受无穷之福，不敬则百姓受无穷之祸。凡贪婪暴虐，毒痡百姓，何一不从不敬生来。

学道爱人

学道爱人，四字最括。学道则有爱人之心，有爱人之才，有爱人之政。不学道则反是。

爱人为大

孔子曰：『古之为政，爱人为大。不能爱人，不能有其身。』孟子曰：『爱人者，人恒爱之。』夫能爱人，则人爱

之而身安矣；不能爱人，则人怨而伤之者至矣。然则爱人者，非特人蒙其泽，亦所以自爱也。不爱人者，非特人受其病，多见其不自爱也。

官称父母

《诗》曰：『岂弟君子，民之父母。』《记》曰：『有父之尊，有母之亲，而后可以为民父母。』州县非他，父母也。所莅非他，吾子也。官之与民，何等亲切，但以官自居，而以民视民，失父母斯民之意矣。

长育顾复

李桐客为通州刺史，民呼为慈父。辛公义为岷州刺史，民呼为慈母。召信臣、杜诗先后为南阳太守，有遗爱，民歌之曰：『前有召父，后有杜母。』夫古之为政者，有明无不烛，人颂神明者，可谓精能矣，而君子不重。所最重

者，若父若母，有长育顾复之意焉。但曰治之，犹是第二义。

视民如子　治民如家

刘宽为南阳守，视民如子。召信臣为上蔡长，视民如赤子。钟离意为堂邑令，抚循百姓，如视赤子。人情之爱子也，无所不至。三公视民如子，则爱之无不用其极，宜乎民之爱之若父母矣。阳城为道州刺史，治民如治家。杜慧度为交州刺史，为政纤密，有如治家。王宏为汲郡守，抚百姓如家，耕桑树蓺，屋宇阡陌，莫不躬自教示。人情之为家谋也，无所不至。三公治民如家，则谋之无不曲尽。宜乎民之从之若家长矣。

噢咻抚摩

存爱民之心固已，更须噢咻之，如慈母之噢咻其子

也。行爱民之政固已，更须抚摩之，如慈母之抚摩其子也。噢咻抚摩四字，居民上者最宜玩味，用之于民最为亲切。

春风时雨

郭伋为颍川守，化如时雨；李白为马昌令，惠如春风。居郡县须有春风时雨意，阳和盎然，吹嘘一方，偶有病即为起之，如旱得甘雨，鼓万汇于不言。若为疾风暴雨，则是不祥之人，有愧两贤多矣。

保民宜民

《书》言：『如保赤子。』保字最可味，民本不能自立，须我保之也。《诗》言：『宜民宜人。』宜字最可味，民则犹是故民，须我宜之也。孟子言：『保民直可王天下。』安在弹丸之邑不能理乎？《诗》言：『宜民受禄于天。』安在升

斗之糈，不克保乎？

保障

赵简子使尹铎为晋阳令，将行，请曰：『为茧丝乎，为保障乎？』简子曰：『保障哉。』夫谓保障者，为民作主，愚者觉之，弱者扶之，屈者伸之，危者援之，阙者完之，隐然为一方保障，使一方之人，皆有所恃以无恐。岂特如理丝者，但务治之而已哉。

宽

凡待人，宽一步则感，急一步则怨。凡行政，宽一步则办，急一步则蹶。凡断讼案，宽一步则易结，深求一步则难结。

宽则得众

宽则得众，此语彻上彻下。如宽待一人，身受者固

感，不知旁观者何以亦感也。苛责一人，身受者固怨，不知旁观者何以亦怨也。史称丙吉宽大，惟宽故大也。杨邠苛细，惟苛故细也。州县虽微，奈何不务其大，而务其细哉！

简

《书》曰：『临下以简。』夫子称子桑伯子，亦曰：『可也简。』盖简则便民而可行，反是而务为烦碎，则民扰而吏亦病，鲜克治矣。唐陆象先历任方镇，明于治体，尝曰：『天下本无事，庸人扰之为烦耳。第澄其源，何忧不简！』真达论也。

宽简的义

欧阳文忠历数郡，不见治迹，不求声誉，宽简而不扰，故所至民便之。或问：『为政宽简而事不弛废，何

也？』公曰：『以纵为宽，以略为简，则政事弛废，而民亦受其弊。吾所谓宽者，不为苛急；简者，不为烦碎耳。』此宽简之的义，守经训者所当知。

安　静

安静是为治之本。能安静，则民受其福，且足以有为；不安静，则民受其害，亦不足以有为。匪惟不足有为，且不胜其扰矣。襄城令刘方为治不烦，诏书称之。李兑出知杭州，上书『安民』二字赐之。宋子京知成都，陛日面请圣训，上曰：『镇静。』皆识为治之体者也。

须省事　毋滋事

当官须省事。省事者，不矜明察，不事深求。遇事之来，直寻常视之，其可已者已之，案牍不烦，以养无事之福，此真才吏也。若视为不才，误矣。当官毋滋事。

耳，非自蔽其聪明也，不欲尽致其聪明，使明所不必至之处，而皆有以至之也。《大易》之理，以日之明入乎地中，谓之《明夷》。圣人象之曰：『君子以莅众，用晦而明。既不可不明，又不可过用其明，是谓用晦而明。』君子观《明夷》之义，可以莅众矣。

苛察为灾害所由作

宋均曰：『苛察之人，身或廉法，而巧黠刻削，毒加百姓，灾害流亡，所由而作。』夫苛察之吏，即第五伦所谓『失经义、违天心』，李空同所谓『销元气』者也。灾害有不作乎？宽厚而加以廉谨，则吏道举矣。

福吏为上　能吏次之

良吏有二，才气开张，遇事能断，智足以集事，此能吏也。朴茂庞厚，安静若无能，每事欲置斯民于无事之地，此福吏也。福吏为上，能吏次之。以能吏之效在事功，

福吏之效在元气也。王新城尚书谓『忠厚惇大，培养元气，最关治体。』世皆重能吏，而不知重福吏，何邪？

平易近人

周公曰：『不简不易，民不能近。平易近民，民必归之。』盖必至平至易，俾民可近，而后民得以尽其情。上得民情，而后可言治理也。故朱子揭出『平易近民』四字，谓为治之本，端在是也。

官体

官自有体，世谓之官体。或以养尊自贵为立体，不知其转失体也。吾所谓体则不然，谦谦其度，抑抑其仪，油然可亲，蔼然可乐。盖州县为民父母，父母之于子，自无色相体岸之可求，斯为真得体矣。其实只是平易近人耳。

谦

谦是行己第一务，而居官尤不可忽。不特接绅士当谦，虽接齐民亦当谦也。《易》曰：『以贵下贱，大得民也。』又曰：『自上下下，其道大光。』本贵也，而降己以下贱；本上也，而降己以下下，乃至民心大悦，而在我之道亦大光显。所谓谦尊而光是也。一行作吏，窃国家之威灵，侗然自肆于民上，高己迕物，其坐也尸居，其行也走肉，亦甚可羞矣。

自上下下

倪宽为左内史，卑体下士。华轶知江州，以友道接士。于定国为廷尉，虽卑贱徒步往过，皆与钧礼。何武为刺史二千石，贤与不肖，敬之如一。此皆得《易》『自上下下』之义，所以其道大光也。

虚柔足以容保民

《大易》地在水上为《师》，地在泽上为《临》。地在上，水在下，所谓地之下皆水是也。水性虚柔，乃足以载地。长民者必虚而柔，乃足以容保民。圣人观《师》之象，曰：『君子以容民畜众。』观《临》之象，曰：『君子以容保民无疆。』

临政须善思

临政须善思。熟思则有得无失，不熟思则有得有失。《传》所谓『政如农功，日夜思之』是也。吕文清曰：『尝见前辈作州县，或狱官，遇事难决，必沉思静虑累日，忽然若有得者，则是非判矣。官之所发所判，民命系焉，其可忽也乎哉？』

五字诀

司马文皇居官三字诀，曰：『清、慎、勤。』李若谷居官四字诀，曰：『勤、谨、和、缓。』去其复而合之，为清、慎、勤、和、缓五字，是五字诀也。清则其身正，不令而行。勤则明作有功，慎则敬而无失，和则平易近人，缓则从容中道。五字缺一不可。

忍

吕文清曰：『《书》曰：「必有忍其乃有济。」少陵诗曰：「忍过事堪喜。」谚曰：「忍字敌灾星。」忍之一字，众妙之门。当官处事，尤是先务。若清慎勤之外，更行一忍，何事不办？」』此文清官箴中语也。凡入仕途，如身陷阵，前后左右，无非锋刃相向。凡上官之陵铄，同官之侵侮，属吏之谲慢，百姓之唐突，势所必有。只能忍，便了一切。若不忍涓涓之忿，必召滔天之灾。张子房生平得力强忍，于不可忍者而强忍之，则无事矣。

廉

《周礼》以六计断群吏之治，一曰廉善，二曰廉能，三曰廉敬，四曰廉正，五曰廉法，六曰廉辨。六者之善，皆以廉为本。可见人苟不廉，虽有他善，亦无足录。

怀璧其罪

凡营钱者伤，故钱字之义，金旁加戈。殖货者贱，故贱字之义，以戈争贝。钱与贝，非吉祥可贵之物也。『传』曰：『匹夫无罪，怀璧其罪。』又曰：『象有齿以焚其身。』人奈何以官为利，规此不祥之物，以亡其身哉？

不贪为宝

宋子罕以不贪为宝。不贪何以为宝也？盖贪则狼藉之声，甚于粪秽，祸害之加，甚于戈戟，防虑之切，甚于盗贼。其既露也，平日之所亲信，所用以介事媒钱之人，皆吾仇对矣。身败名裂，心劳日拙，君子悲之。不贪则反是，其为宝也，不既多乎？

以禄易贿以贿易身

公仪休相鲁而嗜鱼，一国人献鱼而不受。其弟曰：『嗜鱼不受，何也？』曰：『惟嗜鱼，故不受也。受鱼而免相，则不能自给鱼；无受而不免相，长自给鱼矣。』夫食君之禄，不应受人之贿，受人之贿即不复食君之禄，是以禄易贿也。既以禄易贿，必以贿易身，是失禄失身并失贿矣。犹所谓西域贾人得美珠，剖身而藏之。身既亡矣，珠亦何有？不亦愚乎！

谢绝馈送

凡绅士富室，岁时馈食物于官，所在有之。前人有择其最下一物收之，示不逆其意也。不逆其意，人则得矣，而己不已失乎？且县官而收所治之食物，其人必增长声焰，于乡曲中讨便宜矣。是一物之微，关系甚大，不如一概谢绝，俾内外肃然，久之，自无有携杯水至县门者。

有所好即受病

在官不可偶有所好，但示人以所好，病即缘所好而入。盆花幅草，皆足为累。明施邦曜为福建左布政使，有馈之朱墨竹者，家人请受之。邦曜曰：『不可。我受之，彼即得乘间以尝我。我则示之以可欲之门矣。当路而开可欲之门，则投之者众，为累不诚大哉！』

所产之物不入私室

伏晅为东阳太守，郡多麻苎，家人乃至无以为绳。张戬为司竹监，举家不食笋。包孝肃为端州守，地产佳砚，公归不持一砚。余靖知广州，地多宝货，公北归无一南物。吴隐之自番禺归，其妻刘氏赍沉香一斤，隐之见之，投于湖亭之水。所莅之地，所产之物，虽微必绝之，不以入私室，可谓厉志矣。

虽小节能委曲用意

赵轨为齐州别驾，东邻有桑椹落其家，轨悉拾还其主。何远为武昌太守，武昌俗皆吸江水，盛夏远患水温，每钱买民井寒水，不取钱者，则挞水还之。查道知虢州，尝出按部，路侧有佳枣，从者摘以献，道计值挂钱于树而去。三者虽小节，皆能委曲用意，其介如此。

官物亦不用

陈修为豫章太守，不然官薪。巴祇为扬州刺史，夜与士对坐暝暗之中，不然官烛。林孝泽临清漳，一夕视事竟，有持烛送至阑内者，孝泽曰：『此官烛也，何可用之私室？』亟命持去。阮孝绪父为湘州从事，随父之官，不书官纸，以成父之清白。夫薪曰官薪，烛曰官烛，纸曰官纸，此官物也，官用之可也，而犹不用，其他不足以染之可知矣。

衣履所需　买之他所

今必欲载米之任，难已。饮食之物，不能不市于所治，其他衣履所需，必豫为计，买之他所。欧阳文忠公历典大郡，除饮食外，不买官下一物。皇甫无逸为同州刺史，凡所货易，皆往他所。向敏中知广州，至荆南，即预市药物以往，在任一无所需。古人操严若此者，匪惟恐累清德，亦防病民。盖出入之间，必假胥吏之手，苟有损抑，则所伤多矣。

问市价

即取胥吏，勿递门包。互结：一吏有犯，罪及同房同班。而一切苞苴之风，扫地尽矣。

凡初到官，令保长报市中薪米诸时值，呈市中通用等。署中照式校等一具，用以出银市物，银固封钤图记，书银数锭块于上，此亦宜民之一道。

预筹去时行装

在官必预筹去时行装，书九食皮，切勿轻置。杨诚斋立朝，不市上物，恐累归担。范右丞赴任，只携三石，思便行装。陆长源为汝州刺史，送车只二乘。潘镗为蒲城令，丁忧去任，治装不满一车。官至去任，则囊橐之有无见矣。去任而无与俱焉，则来清去白矣。

官箴荟要

图民录

勿染陋规

凡莅一方，必有相沿未革之项，谓之陋规。胥吏曰：「此旧例也。」官曰：「前官有异乎？」胥吏曰：「历来如此，无异也。」官曰：「如此，洵旧例矣。」不知白简中所列罪迹，皆其所谓蹈常袭故者也，只争发觉与不发觉耳。既发之后则为赃矣。旧例云乎哉！

鼓钟于宫 声闻于外

人之爱身，必甚于爱贿，而往往以贿易身，何也？大都以为行事密，人不知也。不知今夕受贿，明日则喧传阛阓矣，再明日则喧传道路矣。《诗》曰：『鼓钟于宫，声闻于外』。

革门包

一日之闲，百姓罹无涯之苦。窃谓一刻偷安，百官府之弊如积尘，虽屡扫之，不能尽也。如所谓门包或二堂危坐，洞开诸门，使无障蔽，遇民来诉，即唤问之，则民免守候，吏不为奸，而民受其赐矣。官欲出而不欲藏，藏则未有不病民者也。

勿矜高旷

欧阳彬守嘉州，尝曰：『青山绿水中为二千石，作诗饮酒为风月主人，岂不佳哉！』窃谓居烦剧之郡县，簿书民事之烦，日不遑给，安得有闲暇之时，可以登诗坛，入酒国，担风握月，自矜高旷。若舍民事不为，而以此自适，是即尸位之罪人矣。

韦公不懈案牍

世称韦公应物为苏州刺史，清标范俗，民不忍欺，暇则焚香赋诗，窃尝疑之。吴下烦剧，安有馀闲为此韵事，不几废民务乎？及观其所为诗，曰：『开卷不及顾，沉埋

案牍间』又曰：『束带理官府，简牍盈目前。』乃知公不懈案牍，固勤民者赋诗，乃馀力耳，然亦由才分之优，乃可及此。不然，切勿为也。

勿湎酒

刘元明有吏能，政为天下第一。傅翙问之，曰：『我有奇术，惟日食一升米，饭而不饮酒。』此可法者也。于定国为廷尉，冬月请治谳，饮酒益精明。此不可法者也。凡湎酒必废事，谓之酒荒，其贻民害也，多矣！

风流罪过

宋楼琫《醉翁寱语》载西京牡丹闻于天下，花盛时，太守作万花会，斥为风流罪过。凡纠僚佐马上看红叶，集渔师，放鸬鹚，打水围，集盆菊，作菊花屏，借人名园作燕会，皆罪过也。罪过而有风流之名，更可愧矣。